DALLA MIA FINESTRA
Poesie

INTRODUZIONE

Questa raccolta di poesie è mirata alla condivisone di pensieri, visioni del mondo, di sé, dell'altro, delle piccoli e grandi cose che tutti tocchiamo con mano ogni giorno.
Ho raccolto parte delle poesie scritte negli anni dividendole per tema: Vita, Amore, Musica e memoria, al Lettore e allo Scrittore.

Ti sei mai sentito staccato dalla realtà? Scenari meravigliosi ci svegliano di notte e ci fan sognare di giorno. Ogni momento, ogni istante, ogni sensazione è una foto che possiamo scattare con gli occhi e/o con il pensiero.
La finestra è la porta verso un mondo nuovo, la prospettiva che ognuno di noi ha della vita. Questo è per me, per te, per noi a cui piace toccare con mano un'emozione.
Dalla mia finestra c'è una vista diversa per ogni tipo di sguardo: pace, distruzione, ombre, luci, amori, guerre, pandemie, momenti visti, momenti vissuti, gioie, rimpianti, mancanze.
E tu? Cosa vedi dalla tua finestra?

Vita: Sono tutti troppo impegnati
per stare a guardare
negli occhi degli altri.

L'odore del mare

Sentiamo l'odore del mare
amando dire «Mare»
sognando di «Remare».

Eterna indecisione
con la testa o con il cuore?

Ci sono giorni in cui
non trovi le parole
e notti in cui
ti svegliano da sole.

*Il respiro è instabile
e instabile sto.*

Ritornare alle origini

Ritornare alle origini
senza volti a coprire gli occhi.
Ritornare a sentire vertigini
di una paura che sopporti.
Ritornare a quell'amore
che metronomo contava i baci.

Dava il tempo ad ogni sguardo
e con lo stesso manteneva il passo.
Stanca di queste spine
tipo Socrate e il suo dèmone.
Una coscienza di poesie
non per piacere alla gente
forse per riempire il cuore.

La storia di tutte le storie

Questa è la storia di tutte le storie
non dirmi che è facile per favore.

Questa è la storia di tutte le storie
di chi nasce da lacrime amare
e nelle lacrime amare muore,
di chi perde cercando di fare
di chi fa e nel mentre si perde.

Questa è la storia di tutte le storie
di chi spavaldo apre una porta
e dopo scappa di corsa,
di chi ha voglia e lotta col cuore
e di chi nel cuore non trova risposta.

Scusami voce nella tesa
scusa davvero per questa sorte
ma questa è la storia di tutte le storie
chiedo perdono se faccio un errore.

Notte nell'ombra

Notte nell'ombra
di stanchi animali
di gente che mostra
di mostri un po' strani

Graffi nel buio
di piccole maghi
sognan un futuro
di futuri rubati

Giocan a parlare
parlando nel nero
poi ancora sognare
sognando di meno

Fiamme nel cielo
di piccole luci
ne mostran il sentiero
sentendosi lupi

Chiudono gli occhi
pensando nel rosso
di piccoli tocchi
toccando l'inchiostro.

Questi colori

Questi colori
passando dal nero
rendono il futuro
un oscuro sentiero

Muro, cemento
e brevi parole,
di sbarre di ferro
trattenendo il dolore

Passo nel niente
urlando nei sogni
una mano pesante
per questi ricordi.

Annegare in un mare
occhi di rosso,
sperare di urlare
nel buio di un bosco.
Se la gente poi ignora
queste parole
allora tu ingoia
le tue paranoie.

A volte vorrei

A volte vorrei ...

Trovare nell'altro
ciò che sono anche io,
non sentirmi diversa,
costretta e distratta.

A volte vorrei ...

Buttarmi a fare
ciò che la paura blocca,
non sentire il respiro
corto di panico.

A volte vorrei ...

Non volere niente di più
di chi già sono,
niente di meno
di chi sarò.

Di cosa è fatto un uomo

È buffo continuare
se un po' può farti male,
solo che per volare
c'è un prezzo da pagare.

Aggiungi un obiettivo
senza pensarci più,
adesso so perché vivo
se pur restando giù.

Perché una mano che tendo
è sempre un passo nuovo,
è così che poi comprendo
di cosa è fatto un uomo.

La felicità

La felicità è l'idea
di un folle pescatore
che vive in apnea
provando a respirare

Caro pescatore
tu vorresti vivere
ma è questo tuo terrore
che ti porta solo a scrivere

La felicità è un'idea semplice
di quegli occhi nella mente,
è una splendida cornice
di un quadro già dipinto

Mio caro pescatore
so che un po' stai male,
ti illudi in una vasca
sognando di avere il mare

Vedo che sta per piovere,
sento che hai paura,
so che è difficile vivere
ma togli l'armatura.

Il fiume

Nella stanza decorata
che è fiume
non è passata più
una goccia d'acqua.
Sorridevo di rabbia
ed a pugni le parole;
solo il vuoto si rileggeva.
L'altro folle,
quella metà,
quell'altro lato mio,
mi ha detto che goccia dopo goccia
il fiume tornerà ancora.
Mai sentita cosa più vera,
istantanea e luminosa
che mi portò a dire:

Se penso al pensare non penserò.

La strada non presa

Avrò un rimorso fisso e costante
per ogni discorso tenuto distante.
Avrei dovuto tenere quel sogno
non ci ho creduto, ho lasciato il percorso,
Ho avuto paura perché tu non c'eri
che sei la cura per i desideri.

Ora mi è chiaro che quello che pesa
è tutto causato da una strada non presa.

Il mio peso sulla terra

Ho sentito il mio peso sulla terra,
seduta sul verde:
Ne avvertivo le curve,
la profondità.
Ne avvertivo la rotazione,
il centro più profondo.

Non ho capito mai
se ero troppo
o troppo poco.

Non ho capito mai
se ero pesante sul mondo
o leggera dal cielo.

Dove?

Mi chiedo:
dove finiscono gli attimi
di infinita bellezza?
La rosa a terra
caduta dalle mani di Dio?
La foglia che, volteggiando,
accarezza il suolo?
Le luci di splendore
di una bianca parete
che brilla di occhi lucidi?
Le pieghe del cuscino
ad ombre dispari?

La terra calpestata
a cui chiedere scusa,
l'albero piantato
su segni incandescenti,
i colori caldi e rari del cielo?

Gli sguardi di sicurezza
dove andranno?
Le carezze per confortare?
Gli abbracci mancati,
quelli di silenzio,
quelli di paura?

Dove finiranno:
i nomignoli per scherzare,
le frasi conservate,
le promesse mai affrontate,
i discorsi alle stelle,
i momenti di tranquillità?

Il buonismo, l'ipocrisia,
le maschere, i rimpianti?
Ed io? E tu?
Che certezze abbiamo?

Dove andrà tutto ciò
che per forza deve andare?

Dove non so, non capirò.
Ma una certezza in me c'è:
finché il mio nome
sarà sul filo della tua mente,
sulla curva dei tuoi sogni
e la mia anima rimarrà
incastrata alla tua ...
Io non finirò.

Sul retro di un foglio

Sul retro di un foglio
cinque e cinque righe,
l'oro di tante spighe
alla vista del trifoglio.
Non ho mai avuto bisogno
di reprimere fatiche
o stirare un po' l'orgoglio.

Intanto girano, si rincorrono
le lancette severe
con cento e mille bufere
a fare da contorno.
Mille tramonti sorgono
si sventolano bandiere
ma si limitano a tacere
del mistero che infondono.

Non ho voglia di pensare a domani
lasciami vivere il tempo di adesso
che poi lo perdo facendo questo
ma tanto è inutile fare piani.
Se cadi in modi strani?
Credo tu questo lo abbia omesso,
sembri tanto, troppo maldestro
a finire inanime sui tulipani.

Il vuoto

Cos'hai mio caro vuoto?
Non ti riempie nulla da un po'.
Ti porto a fare un giro,
ti scalderà il sole,
ti farò vedere che vola anche un filo d'erba
eppure un'anima non ha.

Perché nulla rimane in te mio caro vuoto?
Sembri fermo e immobile da un po'.
Se vuoi ti porto in cima a una montagna,
ti mostro quanto spazio c'è da percorrere
e come fanno le nuvole ad attraversarlo
eppure anima non hanno.

Il sole che ti ha fatto mio piccolo grande vuoto?
La paura solletica il tuo stomaco da un po'.
Non so disegnarti, non so che nome darti.
Tenterò di farti arrivare infinite parole
che si muovono spietate in me
eppure un'anima non hanno.

Se si accendesse una stella

Se si accendesse una stella
per ogni sentimento di bene
avrei in mano una galassia
dove tenerti al sicuro.

Se si accendesse una stella
per ogni ingiustificabile odio
avrei in mano un sacchetto di cenere
aspettando la fenice

Se una goccia d'acqua apparisse
ogni volta che amo, guardandoti,
avremmo risorse e riflessi infiniti
dove vivere sempre

Se una goccia d'acqua svanisse
ogni volta che tacciamo
avremmo terre aride e luci spente
dove sarà facile scomparire.

Dalla mia finestra

Dalla mia finestra
due venuti da lontano
che si raccontano il meno
perché loro l'han capito
con gli occhi si occuperan del più

Dalla mia finestra
il suo volto deformato
dai sogni di una notte in strada,
la sua bocca ruvida
dalla poca acqua in corpo.

Dalla mia finestra
un cane un po' dubbioso
sulla vita che gli hanno scritto,
una rondine molto viva
per il ciel che le han donato.

Dalla mia finestra
un albero tra ombra e luce
non sa più dove andare
e basterebbe poco
per scegliere di star bene.

Intere Immagini Sbiadite

Intere immagini sbiadite
su curve e pieghe doloranti.
Un'immagine nitida
di ciò che non siamo.

Completi paesaggi scolorano
al silenzio di frasi spezzate.
In due secondi muore
ciò che non conserviamo.

Molteplici visioni nascono
mi metterò al riparo.
Nel pieno della vita vive
l'idea di averle tutte.

Avrai certezza, io sono il sole
e qualche volta un'ombra di luce.
Nelle notti storte capirò
quel tuo accontentarti di un lume.

La corda tesa

A far male di tanto in tanto
è il tanto bene o l'aversi a stento.
È troppo il vino nel mio bicchiere
o forte il vento delle tue bufere?

A fare male- e ogni tanto pesa-
è che l'ostacolo è una corda tesa:
Rotoli e inciampi distratto
persino in comoda discesa.

"Locale chiuso"

Ho pulito bene la suola delle scarpe
sullo zerbino grigio;
Poi su e giù per le scale per essere certo
di non lasciare macchie.
Posso entrare?

La tempesta era forte eppur ci son riuscito,
sono illeso.
Ho dieci rose rosse in mano e- maledetta spina-
sangue sul dito.
Posso entrare?

Vedo che hai sistemato la tua porta
è d'argento.
Ti va se decido di guardarla dall'interno?
Non voglio disturbare.
Che faccio entro?

Ahimè credo starò fuori.
Sai, ho sbirciato- scusa- dentro casa, c'è folla,
son deluso.
Per me invece una scritta rossa che rimprovera:
"Locale chiuso!"

Fuori da se stesso

*Nessuno riuscirà mai a trovarsi
se non fuori da se stesso.*

È già mattina, chiudo gli occhi,
son stanca!
La notte è strana, sto attenta,
è selvaggia.

Ho una voragine in petto
che fiacca!
Uno strano tormento
che viaggia.

Amore: Non fa mai notte
dove ci si ama ...

Il sole e la luna

Il sole ama la luna
ma non glielo dice.
La luna, ignara, piange ancora.

Legata da quel filo.
Anche se non mi tocchi
sento lo stesso eco,
se chiudi gli occhi
vedo il tuo stesso nero,
se non mi tocchi
sento il tocco sincero.

Urlerai piano ma lo sentirò lo stesso
e non ti chiederò cosa sarà successo
perché chi vive connesso lo sa
che non è semplice complicità.

Quel che basta per amarci

È rimasto quel che basta per amarci
taci ai nostri sguardi.

Non abbiam bisogno di parole
le parole a volte sono sassi,
son le armi dei vigliacchi.

Ti ho cercato nei sogni
nonostante gli occhi aperti.

Questo mondo parla troppo
non c'è tempo, non c'è spazio
rimane solo un grande vuoto
a far lotta con il poco fiato.

Il tempo scorre e tu non torni,
sembrano scontate queste parole
ma scontato è solo l'errore
di chi ama senza l'amore.

Ci ascoltiamo

Ci ascoltiamo da lontano
ci parliamo piano piano.
Ogni volta
ancor prima che la musica
inizi a suonare
io e te inizieremo a ballare.

Pesano i «mi manchi»
non detti per sperare,
pesano come sassi
le risposte che non so dare.

La notte è una menzogna
resta sveglio con il cuore,
resta svegli e sveglio sogna
di provare ancora amore.

Sei ...

Sei ... Il vento che sfiora
ancora e ancora.

Sei ... La neve che si posa, lentamente
per non tarmare il verde.

Sei ... Luce che trapassa le nuvole
delicato, piacevole.

Sei l'oceano e sei la riva,
l'ossigeno che mi serviva per rimanere in vita.

Sei questo ed altro,
la paura ed il coraggio, le belle parole di un saggio.

Sei, tu sei.
Io 'sono' soltanto con te.

Distanza

Sto provando a toccarti
ma è solo il display,
continuo a parlarti
eppure non ci sei.

È che ci vuol coraggio,
la strada ci divide.
Tutto chiuso in un messaggio
cercando superficie.

Ho davvero il cuore a mille
dimmi che è uno scherzo,
vorrei sentire la tua pelle
non il dito con lo schermo.

Io e te

Prima delle coccole
o delle cose scontate
ci siamo io e te.
Prima dell'amore comune,
di una forzata etichetta a tutto
ci siamo io e te.
Prima di ogni senso,
prima che la luce attraversi il buio
ci siamo io e te.

Prima che un misantropo dica «Solitudine»
che un musicista dica «Musica»
io e te ci siamo già.

Prima che l'annoiato per scherzo gridi «Al lupo»
e che un poeta dica «Poesia»
io e te ci siamo già.

Scorre e passa

Scorre e passa
più veloce della luce stessa:
male nel male,
bene nel nulla.
Mi sfiori di ogni delicatezza,
mi baci di ogni speranza,
mi spingi in un nulla apparente
di infinite storie.

Si avvicina ma scorda la scusa

Si avvicina ma scorda la scusa
trovata solo per starti accanto,
capisce d'esser poco attento
ne inventa un'altra per la sua fuga.

Vivo negli occhi degli altri
incontrando persone-fisarmonica:
Stanno tre ore in segreteria telefonica
e nelle altre tre fingon d'amarti.

Ti avvicini ma qualcosa di ti frena,
hai tanta paura di entrare in scena.

Così bravo da capir verità

Così bravo da capir verità
«Date un premio al vincitore
lo aiuterà a non sentire dolore
una volta entrato nell'aldilà»

È un perfetto adescatore
finge l'odio e l'avidità
non cerca molto le affinità
solo il piccante ch'è dentro le storie

Gioca a cambiare di fiore in fiore
ne sceglie uno, vuol fare l'attore
ma se per caso trovasse benzina?

«Nella stanza voglio solo il dottore:
Senta, sono sicuro di aver preso l'amore
dice che esiste una medicina?».

Poesie d'amore

Volevo scriverti poesie d'amore
non l'ho più fatto
per la paura ed il timore
di rovinare un patto

Volevo scrivere per raccontare
i momenti più nascosti
pensando a tutte quelle cose rare
e al tuo volto mentre m'ascolti

Ho scritto ma qualcosa mi fa pentire:
Non è il mio modo di cercarti.
È così duro da capire
che faccio sempre prima a baciarti?

Dall'altra parte

Andremo dall'altra parte,
ci saranno anime uguali e opposte,
nuovi posti da scoprire,
nuovi canti da ascoltare,
nuove case da spogliare,
e noi saremo sempre noi.

Andremo dall'altra parte,
ci saranno visi uguali e parole diverse,
specchi riflettenti anime,
corpi fragili e suoni nascosti,
grilli muti e aquile cieche
e noi saremo sempre noi.

Toccherò il cielo, mi guarderai i capelli.
Annuserò i raggi, mi sentirai guarire.

La luce camminerà lungo i bordi degli occhi.
Non capiremo il danno compiuto.
Per la nostra fiamma abbiam bruciato il mondo,
assottigliato gli universi
per tenerci un po' di più.

Non capiremo nulla,
tutto sarà il contrario di tutto
eppure andremo dall'altra parte
e noi saremo sempre noi.

In mille posti diversi

Sei con me in posti uguali,
a duecento nei miei discorsi.
A cosa pensi non me lo dici?
Mi fai male senza saperlo
perché lo so che sei con me
e in altri mille posti diversi.

Parli con la gente,
non pensi quasi a niente
ma lo vedo nei tuoi occhi
fingi non siano persi.
Un giorno sai lo spero
di poter entrare anche io:
portami con te quando vai via.

Pensi non sia cosciente
di tutto ciò che invento.
Credimi lo so bene,
tu sei preso in quel che faccio,
spero in quel momento almeno
tu sia con me
in mille modi diversi.

Cucito in ogni punto

Cucito in ogni punto.
Gli occhi stretti e la fronte zuppa,
le mani in pugno e la bocca chiusa.
«Va via!»

Legato attorno al cuore.
La mente assente e la gola in fiamme
il naso largo, le orecchie sfinite.
«Va via!»

Incastrato in ogni senso.
Che egoismo mandarti altrove,
per far così bene deve pur fare male.
«Non andare, rimani al centro».

La fortuna di averci

Quando ti accarezzo il viso
distraendomi dal vedere il resto
e ti disegno e ti invento
che senti?

Quando marcio sul mio dolore
provocandomi cicatrici
e ti curo e ti disarmo
lo senti?

Quando spengo i miei interessi
aiutandomi ad accantonarli
e ti sostengo e ti comprendo
che senti?

Quando piccoli gesti volano
orbitando tra i tuoi pensieri
e ti sorrido e ti sto amando
che senti?

La fortuna di averci qua,
la senti?

Avrei dovuto dirtelo

Avrei dovuto dirtelo
che non sono buona a niente
e se proprio mi va bene
so essere presente,
che se poi non ti va bene
risulta essere opprimente.

Avrei dovuto dirtelo
che volevo te soltanto,
che se proprio devo perdere
preferisco che sia il senno,
che se proprio devo chiedere
preferisco, sai, un cenno.

Avrei dovuto dirtelo
che le parole non le digerisco
strisciano a fatica nello stomaco
e che se provo a farle uscire
è più facile che mi strozzino

Avrei dovuto dirtelo
che ho follie troppo grandi
ma uno spazio troppo piccolo,
che è facile finire nel vortice
ma difficile uscirne intatti.

Avrei dovuto dirtelo
senza auto-eliminarmi.
Avresti dovuto ascoltarmi
ed io dovevo lasciarti,
avresti dovuto fermarmi
ed io dovevo arrabbiarmi.
Avrei dovuto sfiorarti
e tu dovevi baciarmi.

Destabilizzante

Affilate sensazioni nello stomaco,
la tua altalena di emozioni mi uccide.
Snervante che sono qui ad aspettare
mentre la scia del tuo profumo mi attrae.
Crudele la tua spietata follia
nel lasciarmi di te solo un pezzo alla volta:
Prima la punta del cuore
poi la lama di un «Forse».
Tu sei qualcosa di troppo pesante
a tratti leggero: *Destabilizzante.*

Guarda intorno a te

Guarda intorno a te un momento
se è un pericolo forzare tanto.
Un po' per gioco, un po' per scherzo,
un po' per rabbia o per istinto,
esattamente come pioggia al sole
toccheremo duramente terra
-i raggi dimezzano le gocce- e noi
a consumarci prima delle parole.

Guardami quando sarai ferito
se è un pericolo abitar te stesso.
Un po' per bene, un po' sei sbronzo,
un po' per noi ed un tramonto,
faremo dei nostri guai a metà
condividendo pezzi d'isole.
Lo sai che persone come te
fanno bene a questa società?

Musica e memoria,
musica è memoria.

25 Novembre

Tocchi malvagi
stanca di baci
che sentono il peso
di violenza spietata
che non hai compreso
«Perché son sbagliata?»

Incubi di notte
fanno spazio alla paura
non trovi risposte
e rimani in una stanza buia.

Di graffi sul viso
fingi un sorriso,
di graffi negli occhi
speri almeno oggi non ti tocchi.

Così con soddisfazione
prendi in mano la tua vita
tu che vivi in salita
ogni piccola emozione.

Ma infame è la giustizia
che impassibile ti guarda,
non ti dona la salvezza.

Ti chiudi
nel rumore di uno sparo
e ti addormenti in un dolore
che speravi di non sentire.

Chiama quel suono

Chiama quel suono
che ti prende per mano,
è qualcosa di strano,
non so più chi sono.

Perché non altro?
Questa è la strada.

C'è musica nei posti
più improbabili
ed è fragile come la forza:
tu la sfiori e lei ti tocca.

Cosa posso offrirti?

Dimmi cosa posso offrirti?
Quando pigiavo dolcemente i tasti
e tu che mi salvavi
in questo mare di naufragi
mentre io annegavo
tra queste lacrime di navi.

Dimmi, cosa posso offrirti?
Se fra le grida di un mondo infame
tu mi hai chiusa in una bolla
e fatta viaggiare per non tornare.

Dimmi cosa posso offrirti?
A te e alle note di pace
che hanno viaggiato sulle mie lacrime
trasformate in acida pioggia
per diventare arcobaleno
ad inventare qualche giorno sereno.

Abitare nel silenzio

Volevo abitare nel silenzio
dove ci sono note appese al muro
pareti bianche come la luce
che all'inizio non ti piace
e dopo ti consola il cuore.

Volevo abitare nel silenzio
come sdraiarsi e vedere gli occhi,
i tuoi i miei preferiti
dove guardarsi dentro
è per sempre.

Volevo abitare nel silenzio
dove sotto il letto
non ci sono i mostri,
dove nel cassetto
ci sono ancora i sogni.

Sedia vuota

Sedia vuota a pochi metri dai tasti,
so che sarai lì.
Ti vedo che intanto mi guardi
in un ordinario mercoledì.

Permettimi un attimo
per sentirmi vicina,
un momento più intimo
per toccare la riva.

So che così sarà
come arrivare alla serenità.
Il solito sguardo, sorriso vero
ancora spero che tu sia fiero.

Non hai sentito dopo quel giorno
spero non mi divori questo rimorso;
sentirai, sarà diverso- davvero-
non come faccio spesso.

Lo sai che puoi restare.
Sedia vuota, la prima a destra.
Non dirmi che già devi andare,
almeno oggi, ti prego, resta!

Ritornello (poesia per Ezio Bosso)

Sentivo l'odore del bello,
c'era un senso anche nel freddo,
nel lontano, nelle attese, nel vento
e tornava come ritornello

Ho aspettato, l'ho fatto sempre
fino a vivere sul filo del tempo,
dar pace a tutti i "vorremmo"
e ritrovarmi nell'altra gente

Nota tira nota
dal cuore, dalle dita;
Ho permesso a questa parte di vita
di volare senza un pilota

Avanza, il buio avanza
del tempo non ritornato,
della speranza, del tempo passato
alla ricerca dell'ultima stanza.

Pandemia

Momenti e giorni condivisi
insieme si cammina.
Per i corridoi sorrisi
ora coperti da una mascherina

Non ne ho parlato mai
era facile, mascheravo.
Mi ripetevo «abbraccerai»
così facevo, così pensavo

Vorrei passare per le vie
dove scacciavo la sofferenza,
poi prendere anche i due
ma tornare a farlo in presenza

«Prof mi perdoni, son mortificato.
È che questo mi agita, mi rende agitato.
Mi scusi prof vorrei scomparire
questo mi soffoca, mi vedo fallire.
Mi scusi, devo andare in bagno,
ho bisogno di lasciarmi andare
poco, tipo un anno».

Guerra

Giocavano i bimbi sul filo di carta,
scrivevan parole, inventarono il cielo …
ancora il tuo mare arriverà a riva
senza fare rumore ti ri-porterà indietro.

Giocavano a scacchi sulla folla sperduta
vincendo le urla e l'eco dei vivi;
Rubavan riflessi dagli occhi dei pazzi
rendendoli schiavi dei pazzi nei sogni.

Giocavano i ladri con armi di gomma
provocando paura a chi aveva grafite-,
Sono semplici mezzi per temporeggiare
ora solo parole per chi vuole sognare.

Foligno

Dodici, tredici, dodici.
Ti ho visto ed ho iniziato a crederci.
Due, zero, due
le risate, il pensiero, le idee.

Le stanze, i giochi, le strade,
il sonno dagli occhi che cade.
La sedia, i sorrisi, il nuovo,
tutto il senso che ora avrà luogo.

La luna, le stelle, un gelato
e tutti i momenti di cui uno è grato.
Gli occhi, il desiderio, un discorso
l'incontro che infuoca un ricordo.

Un giorno le notti verranno a cercarmi
ed io d'improvviso saprò come alzarmi.
Eppure mi han detto che prima o poi finirà
che sono solo un giovane in giovane età.

Al lettore, allo scrittore: Non è semplice guardare
dalla finestra dell'artista.

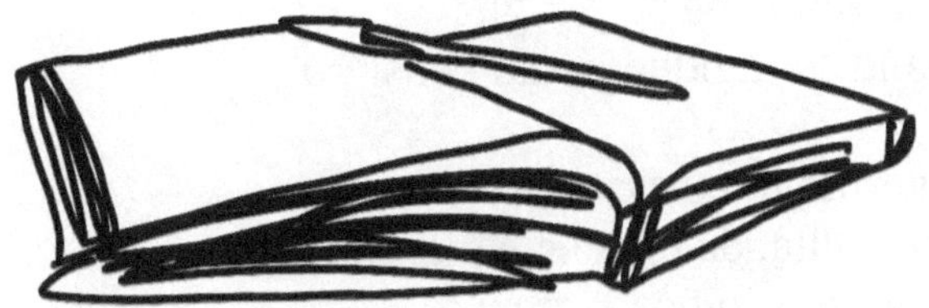

Un'altra poesia

Stai cercando di capire ciò che scrivo
non capisco nulla anche io!
La verità è che non respiro
conto fino a tre, finché non vivo;
poi mi sveglio e guardo avanti
un altro posto in cui addentrarmi

Storia lunga, storia breve
non è essere, non è avere.
Vuoi trovare un significato
ad ognuno un diverso sentiero
non è detto che sia sbagliato,
rimane comunque in tuo pensiero

La verità: io mi distraggo
dalla realtà, da ciò che è marcio.
È che proprio non ci penso
chiudo gli occhi e poi mi perdo,
faccio un giro di fantasia
ed eccola qua un'altra poesia!

Quando un poeta ...

Quando un poeta tocca
l'anima dello stolto
gli imprime verità.
Quando un poeta tocca
l'anima dell'innamorato
lo fa sentire pieno.
Quando un poeta tocca
l'anima di un nullafacente
lo smuove e lo consola.
Quando un poeta tocca
l'anima di quelli persi
indica la direzione.

Quando un poeta tocca
la sua stessa anima
entra in conflitto,
fa la guerra e fa l'amore
e come il niente
che tocca il niente
si annulla.

Guarda senza consumarti

Guarda senza consumarti
che la vita è sottile,
aspetto solo un paio di righe
per sperare di vivere un po'.
È che sei stretta con
queste parole legate ai polsi.

Sono tutti troppo impegnati
per stare a guardare negli occhi degli altri.

Due gradini

Due gradini.
Una tigre bianco-nera ti guarda,
il cane non abbaia più, ti conosce;
Due anime grandi e sagge
incuriosite si chiedono che fai.
Che fai?
Cerchi di riempire i sogni, la sorte
accompagnando più parole
del dizionario delle tue parole?

Intra-vedo

Intra-vedo lo sguardo
tra quella sottilissima nebbia
ed esce dalla tua bocca
mista ad una curva trasandata
a tratti snervante
comunque perfetta.

Mi spiace, la legge è chiara:
chiunque finisca negli occhi
di chi ha un'arma piena d'inchiostro
si prepari all'immortalità divina;
Dirigo il mirino sul bersaglio e sparo
parole piene.

Te stesso

Sfondo nero
macchiato di bianco.
C'è un mostro incastrato nello stomaco
che rigetta astio.
C'è un mostro nella pelle
che trapunta esattezza.

Sfondo rosso
macchiato di blu.
C'è un mostro sugli occhi
e trapassa l'iride,
c'è un mostro doppio
che vende ingiurie.

È dentro, non è fermo,
non è pensante ma t'impone.
Non è vivente ma ti fa vivere
e ti conferisce la paura più grande:
Te stesso.

Il blocco

Un giorno rimarrai senza ruscello
a portar acqua al tuo mulino.
Le terre aride ti asciugheranno gli occhi.
Nemmeno
    una lacrima
        da spendere.

Impossibile.
«Se è forte piangi»
Se è forte non vivi,
ti blocchi.

Un giorno sarà tutto più vuoto
le assenze riempiranno spazi enormi
legando un filo
alla stessa vetta che fa il giro
attorno al mondo.
Sottile
    tagliente
       camminerai
  per completare il giro.

Doloroso,
ma non ci sarà giorno a non aver vissuto,

giorno a non aver *amato*
                        odiato
                          sperato.

Amato la vista
    odiato l'altezza
        sperato l'arrivo.

Il momento

Raccogli il fiore più carino
ma quello splendido lo lasci a terra.
Guardi serena il cielo sereno
ma quello di sole lo ruberà l'erba.

Tanto cara e dolce con quello che fai
ma a quando il momento che finalmente godrai?

Chiudete il sipario al mondo
(dimenticate il mio volto)

«Chiudete il sipario al mondo.
Tutto! Tutto tranne mezzo metro appena
per lasciare che la mente lavori.

Via ogni paesaggio.
Tutto! Tranne l'albero in fondo
quello di cartone e falsi colori.

Abbassate le luci del cielo.
Tutte! Tutte tranne quella centrale
quella che riflette sul legno invecchiato.

Smantellate l'intero teatro.
Si, anche le sedie.
Non abbiamo più gente ad ascoltare.

Chiudete a chiave le porte
anche quelle d'emergenza.
Non servirà scappare dove non si è stati mai.

A terra ogni pilastro!
Tutti tranne quello al centro
a dar l'illusione che ci sia ancora un sostegno.

Raccogliete da terra i detriti.
Tutti anche quelli più innocui,
assicuriamoci che nessuno inciampi
su quest'immagine falsata del vero.

Strappate via ogni vita che vive.
Tutte, tutte tranne quella dell'uomo,
diamogli un posto per temporeggiare».

«Ora dimenticate il mio volto»
tolse l'elmo e invitò i silenzio
Posò il calice e si schiarì la voce:

«Niente lacrime, non v'è importato nulla»
Fece un respiro, si guardò intorno.
La folla rinsavì e si ruppero i fari.

«Eravamo in diecimila
scesi in guerra per un solo scopo
ma vi consideraste soli»

Camminò nel buio e nascose il capo,
il silenzio riempì l'orgoglio della gente.
«Si, potete dimenticare il mio volto.

Volevo battermi con voi
correre il medesimo rischio
sporcarmi dello stesso sterco.

Sono stanco con le mani immobili
per una guerra solo mia, ho faticato molto.
Ora dimenticate il mio volto».

L'inchiostro

Infinito è l'inchiostro nella mia penna.
È rotta, perde sempre.
Non basterà un cerotto
a fermarne il versamento.

Continui salti temporali,
imminenti scatto casuali,
flashback, visioni,
rimpianti, occasioni.

Verranno a chiedermi ancora:
«Come mai scrivi?»
Perché è accaduto qualcosa
o assolutamente niente.

Tu cosa vedi? Cosa c'è aldilà della tua finestra?

INDICE